Elogios para Eres tan amado

Con una buena combinación de experiencias personales, profundidad espiritual y ternura, Sherri nos puede asegurar de que las mentes preciosas de nuestros pequeñitos van a ser sumergidas en la verdad más importante de todas: ¡que Dios los ama y los cuida como nadie más lo hace! Y cuando los adultos les lean estas páginas a ellos, sus corazones también serán tocados.

¡No me sorprendería ver a padres y abuelos consiguiendo una copia para sus muy muy preciados pequeños!

—David Coyotl, Editor, Biblias Unilit

Hay muchas cosas que esperamos que nuestros bebés aprendan a medida que van creciendo, pero este libro capta el corazón de todas ellas.

Eres tan amado comunica de manera maravillosa lo más cierto de nuestros hijos e incluso de nosotros mismos. Este libro será leído en las noches con mis tres hijos y sé que les encantará ver sus datos personales en sus páginas. Qué hermosa manera de inculcar un fuerte sentido de identidad en nuestros hijos desde su nacimiento y recordar a todos los padres que ellos también son profundamente amados.

—Jessica Hover,
Creadora de contenido y copropietaria de Very Good Mothers Club

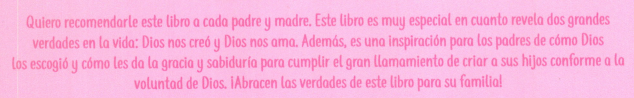

Quiero recomendarle este libro a cada padre y madre. Este libro es muy especial en cuanto revela dos grandes verdades en la vida: Dios nos creó y Dios nos ama. Además, es una inspiración para los padres de cómo Dios los escogió y cómo les da la gracia y sabiduría para cumplir el gran llamamiento de criar a sus hijos conforme a la voluntad de Dios. ¡Abracen las verdades de este libro para su familia!

—Daniel Cavazos
Pastor Executivo de Reslife Church

Escrito por
SHERRI LEE PRINS

Ilustrado por
KAELEE LYNN

Tú eres
tan amado

Traducido por
ELIZABETH MESON

REDEMPTION PRESS

©2024 por Sherri Prins. Todos los derechos reservados.

Publicado por Redemption Press. P.O. Box 427, Enumclaw, WA 98022. Línea gratuita (844) 2REDEEM (273-336)

Redemption Press tiene el honor de presentar este título en asociación con el autor. Las opiniones expresadas o implícitas en este trabajo son las del autor. Redemption Press proporciona nuestro sello de impresión que representa la excelencia en el diseño, el contenido creativo y la producción de alta calidad.

Intereses comerciales: Ninguna parte de esta publicación puede reproducirse de ninguna forma, almacenarse en un sistema de recuperación o transmitirse de ninguna forma por ningún medio, electrónico, fotocopia, grabación o de otro tipo, sin el permiso previo por escrito del editor / autor, excepto según lo dispuesto por la ley de derechos de autor de los Estados Unidos de América.

Todas las citas de las Escrituras son de la Santa Biblia, Nueva Traducción Viviente, NTV, copyright © 1996, 2004, 2015 por Tyndale House Foundation. Todos los derechos reservados.

Citas de las Escrituras tomadas de La Biblia de las Américas, LBLA, Copyright 1986, 1995, 1997 por The Lockman Foundation. Usado con permiso. Todos los derechos reservados.

ISBN: 978-1-64645-699-4 (Paperback)
978-1-951350-04-8 (Hardback)
Library of Congress card Catalog number: 2023907137

Este libro pertenece a:

_____
nombre

_____
fecha

A mi hija, Becca, mil gracias por todas las horas que pasaste creando el diseño de cada página. ¡Tu talento creativo y tecnológico ayudaron a dar vida a este libro! Ha sido una aventura divertida crear libros contigo.

Además, un enorme agradecimiento a mi esposo, Craig, por todas tus oraciones, por tu amor y por el aliento que me diste a lo largo del camino. Tu apoyo me ha motivado a seguir adelante y confiar en Dios para hacer lo que ha puesto en mi corazón. ¡Te amo!

A todos mis bebés:
¡Becca, Clay y Jess
que ya son adultos
y saben que son
tan amados

xoxo
Mami

En el principio, mucho antes de tenerte en mis brazos, nuestro Padre Celestial ya pensaba en ti.

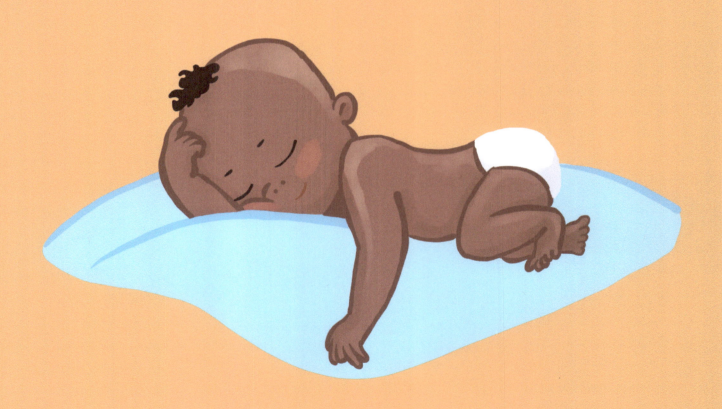

Tenía un plan perfecto para cuando nacieras.

Dios te ama tanto y te tejió en el vientre de mami.

Desde la punta de tu cabeza,

hasta los pequeños dedos de tus pies

Desde el momento en que mami y papi supieron que estabas creciendo en su vientre...

¡estábamos tan felices!

A mami le encantaba sentir como te movías al crecer,

especialmente cuando te estirabas y dabas pataditas.

Le contamos a toda nuestra familia y a todos nuestros amigos.

¡¡¡Esperamos un bebé!!!

¡Todos estaban emocionados de conocerte!

Querían celebrarte dándote regalos.

biberón

babero

libro

¿Puedes encontrar todas las cosas lindas que te obsequiaron?

chupete

pañal

pelota

Ves que aún antes de nacer...

¡ya te amábamos tanto!

Pensamos y oramos mucho por el nombre que te daríamos.

Roman

Lian

Mateo

Kai

Zoe

Rebeca

Carmen

Aurora

Jalen

Zeke

Lucia

Martin

Sophia

Christian

Olivia

Había tantos nombres para elegir, pero sentimos que Dios puso en nuestro corazón este nombre:

_____   _____   _____
Primer nombre   Segundo nombre   Apellido

¡Por fin llegó el día de tu nacimiento!

Pesabas ____ libras y medías ____ de largo
Tenías cabello color _____ y ojos color _____.

Tan pronto te vimos,
te abrazamos y besamos.

¡Es porque te amamos tanto!

El día que naciste le dijimos a TODOS nuestros amigos y a TODA nuestra familia. Tan pronto como te vieron...

Desde ahora cada año en este día:

_____
mes

_____
día

_____
año

celebraremos tu nacimiento.

¿Ves lo especial que eres?

Coloca la foto del bebé aquí

Agradecemos a Dios por haberte creado y dado a nosotros.

¡Tú eres y siempre serás tan amado!

Tú eres digno, oh, Señor nuestro Dios, de recibir gloria y honor y poder. Pues tú creaste todas las cosas, y existen porque tú las creaste según tu voluntad. Apocalipsis 4:11 NTV

Nos amamos unos a otros, porque él nos amó primero. 1 Juan 4:19 NTV

Te conocía aun antes de haberte formado en el vientre de tu madre. Jeremías 1:5 NTV

Te creaste las delicadas partes internas de mi cuerpo y me entretejiste en el vientre de mi madre. Salmo 139:13 NTV

Te agradezco porque me hiciste de una manera maravillosa; sé muy bien que tus obras son maravillosas. Salmo 139:14 PDT

Queridos papá y mamá,
¿Saben lo especial que son? Mucho antes de que naciera su hijo, Dios los escogió y planeó para que fueran los padres perfectos de su pequeño. ¿No es eso increíble? En toda Su infinita sabiduría, Él los escogió para ser los que lo criarían en el camino a seguir. ¡Estén seguros de que Dios sabe exactamente lo que necesitan, y cuando oren, Él les mostrará qué hacer en cada momento! Una de las cosas más importantes que pueden hacer por su hijo es orar por él. Aquí hay un ejemplo.

Querido Jesús,
Gracias por darnos a nuestro bebé como regalo tuyo! Gracias por elegirnos para criar a nuestro pequeño en el camino que Tú lo has llamado a seguir, para que cuando sea viejo no se aparte de la fe. Buscamos de tu sabiduría y consejo para hacerlo. Te pedimos que nuestro pequeño en primer lugar crezca para amarte con todo su corazón y con toda su alma, con toda su fuerza y con toda su mente. Luego, en segundo lugar, que pueda crecer y respetar, amar y honrar a su prójimo como a sí mismo. Ponemos nuestra confianza en Ti, Señor. ¡Te amamos!
En el Nombre de Jesús. ¡AMÉN!

¡Recuerden, queridos padres,
que son y siempre serán muy amados!
¡Si pueden!
Sherri Prins

Si te gustó este libro, descubre estos otros títulos de Sherri Prins.

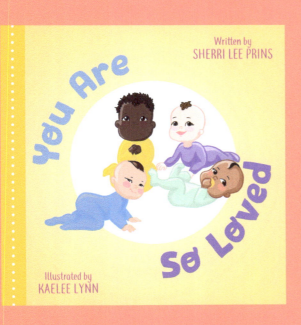
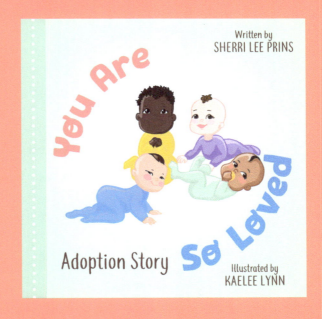

INFORMACIÓN PARA PEDIDOS

Para pedir copias adicionales de este libro, por favor visite

www.redemption-press.com.
También disponible en www.sherriprinsauthor.com